जज़्बातों का कारवाँ

SWATI MARATHE JOSHI

BookLeaf Publishing
India | USA | UK

Made with ❤ on the BookLeaf Publishing Platform
www.bookleafpub.in
www.bookleafpub.com

Dedication

उन सभी दिलों के नाम,
जो इस दुनिया को महसूस करते हैं –
थोड़ा अलग, थोड़ा गहराई से।

Preface

इस संग्रह में मात्र कविताओं का संकलन नहीं, मेरे अंतर्मन की यात्रा है – एक ऐसा कारवाँ, जिसमें हर कविता एक पड़ाव है, हर जज़्बा एक मुसाफ़िर है, और हर लफ़्ज़ किसी ख़ामोश अनुभूति की आवाज़ है। कभी ये शब्द एक दर्पण बनते हैं जो मेरे भीतर की परछाइयों को, दुनिया के रंगों को, और जीवन के टेढ़े-मेढ़े रास्तों को दर्शाते हैं। कभी ये लफ़्ज़ मेरे ज़ेहन में उठती तरंगों की तरह बिखरते हैं; जैसे भीड़भरी गली में गुमसुम कोई बच्चा अपनी बात कहने को आतुर हो।

लेखन मेरे लिए हमेशा से आत्म-अन्वेषण रहा है। यह पुस्तक मेरे उन भावों की अभिव्यक्ति है जिन्हें मैंने जिया, महसूस किया और फिर शब्दों में पिरोया। यह सब एक दिन में नहीं हुआ । यह यात्रा वर्षों की है, जहाँ छोटी-छोटी बातों, क्षणों और संवेदनाओं ने मेरे भीतर अपना घर बनाया।

"परवाना" के बाद यह मेरा दूसरा काव्य-संग्रह है पर यह संग्रह मेरे लिए कहीं अधिक अंतरंग, अधिक सजीव और अधिक निजी है। ये कविताएँ मुझे मेरे ही भीतर से जोड़ती हैं – मेरी संवेदनाओं से, मेरे प्रश्नों से और उत्तरों से।

"जज़्बातों का कारवाँ" में आपको कभी प्रेम की मिठास मिलेगी, तो कभी अलगाव की कसक। कहीं सामाजिक असमानताओं पर एक धीमा प्रतिवाद है, तो कहीं खुद के साथ बीते पलों की आत्मीय बातचीत। कभी शब्दों में भीड़भरे बाज़ारों की हलचल है, तो कभी अकेलेपन की गूंज।

मैं चाहती हूँ कि जब आप इन कविताओं को पढ़ें, तो ये केवल मेरे भाव न लगें, बल्कि आपकी अपनी अनुभूतियों का प्रतिबिंब बन जाएँ। यही मेरी लेखनी की सबसे बड़ी सार्थकता होगी।

Acknowledgements

यह पुस्तक मेरे भीतर बहती भावनाओं, अनकहे अनुभवों और जीवन के उन क्षणों की अभिव्यक्ति है, जिन्हें शब्दों में ढालना मेरे लिए एक आत्मयात्रा जैसा रहा। यह सफर केवल मेरा नहीं था – कुछ रिश्तों की खामोश मौजूदगी, कुछ दोस्तों की मूक सराहना और कुछ अपनों की साथ निभाने की अदा ने इसे विशेष बना दिया।

सबसे पहले, मैं अपने परिवार का आभार व्यक्त करती हूँ। मेरे अपने, जिन्होंने मेरी चुप्पियों को भी समझा, मेरी कविताओं को सिर्फ शब्द नहीं, मेरी साँसों की लय की तरह सुना। उनकी निःशब्द स्वीकार्यता ही मेरी सबसे बड़ी ताकत रही।

मेरे वे कुछ बेहद करीबी दोस्त, जिन्होंने मेरी कविताओं को सिर्फ 'पढ़ा' नहीं, उन्हें जिया और सराहा। आप लोगों ने ही मुझे लगातार लिखते रहने की प्रेरणा दी।

"परवाना" से लेकर इस संग्रह तक का सफर मेरे लिए केवल लेखन नहीं, आत्म-अन्वेषण था। यह रास्ता कठिन भी था और बेहद सुंदर भी। हर उस पल के लिए आभार जो मुझे थामे रहा।

और अंत में – उन सभी पाठकों का आभार, जो मेरे शब्दों में अपने भाव खोज पाए । यही मेरे लेखन की सबसे सच्ची पूर्ति है।

1. ढलती शाम

इन ढलती शामों में अजीब-सी कहानी होती है,
दिन भर की थकावट और रात के आराम की निशानी होती है।

झूले, छज्जे के साथ चाय की चुस्कियाँ,
तेज़ रफ़्तार घर चले रिश्तों को निभानी होती है।

यहाँ न सूरज की गर्मी है, न चाँद की ठंडक,
अपना ही रंग लिए धरती आसमानी होती है।

हर शम्मा का पता रखती है वो,
उसे हर लौ की उम्र जुबानी होती है।

होने का हिसाब पूछा तो कहे,
"चंद लम्हों की ज़िंदगी ढल जानी होती है।"

यह 'शाम' ही है जो बिल्कुल हम-तुम-सी है,
दोनों जहाँ को संभाले गुजर जानी होती है।

2. सरगोशी

उसे मेरा दूर जाना खल रहा है,
और बताओ, शहर में क्या चल रहा है?

क़िताबों से इश्क़ हो और ढलती शाम हो,
लिखावट की दुनिया के क़िस्से तमाम हों,
कहानियों के किरदारों से दिल बहल रहा है,
और बताओ, शहर में क्या चल रहा है?

हर रास्ते की अब पहचान नई है,
मोहल्ले की धड़कन, गली की जान नई है,
अब नुक्कड़ की चाय का जायका बदल रहा है,
और बताओ, शहर में क्या चल रहा है?

मैं आया भी फिर लौटकर; तो किसके लिए आऊँ?
है कौन मेरा यहाँ? मैं किससे दिल बहलाऊँ?
दीवानगी छोड़ सब का मानो मुक़द्दर संवर रहा है,
और बताओ, शहर में क्या चल रहा है?

खुशनसीबी तेरी, तू मुझसे दूर है,
आबाद है, सुकून से है, खुशियों में चूर है,
मेरा अब भी तक़दीर से पाला पड़ रहा है,
और बताओ, शहर में क्या चल रहा है?

3. हंगामा

ज़रा-सा क्या बदले हम, तो हंगामा हो गया,
लड़खड़ाए राह से क़दम, तो हंगामा हो गया।

महफ़िलों में हो रहा था ज़िक्र नूर-ए-जन्नत का,
सुनाया उसकी नज़रों का आलम, तो हंगामा हो गया।

तिश्नगी का रोग था और दिल था दरिया का उफ़ान,
हकीम ने कहा – 'लाइलाज है ज़ख़्म', तो हंगामा हो गया।

ना ख़्वाब हो, ना दर्द हो, ना मंज़िलें, ना दिल्लगी,
लिख आया ऐसी ज़िंदगी को वहम, तो हंगामा हो गया।

पूछा किसी ने – 'जाँ से ज़्यादा चाहा किसी को क्या कभी?'
खाई मैंने ख़ुदा क़सम, तो हंगामा हो गया।

4. नज़ारे

हादसों से उभर हसीन नज़ारे देख,
अंधेरों से आगे चमकते सितारे देख।

ज़िंदगी से क्यों है तुझे शिकायतें इतनी ?
बेज़ार ग़मों को रुख़सत कर यादों के सहारे देख।

वक़्त बहता गया किसी के बग़ैर; जो ना सोचा था कभी,
हमने पलकों से सपने आज भी ना उतारे - देख।

जिस शख़्स से मुद्दतों से कोई वास्ता ना रहा,
आज भी उस शख़्स के साथ ही हर पल गुज़ारे - देख।

जहाँ इश्क़ है वहाँ उम्मीदों का बोझ ना रख,
आज़ाद कर समंदर - किनारे ना देख।

5. सफ़र

किस सफ़र के मुसाफ़िर हैं हम? किस डगर को हमें जाना है?
थम जाना है या है मुड़ना? ठहरना है या बस चलते जाना है?

जिस दिन इन सब सवालों का जवाब मिल जाए,
यह लंबा-सा सफ़र बस वहीं थम जाए ।

ना इंतज़ार किसी लम्हे का,
ना मीलों की दूरी होगी,
पा लेंगे सब कुछ हम,
ना कोई ख्वाहिशें अधूरी होगी।

मैं चल दूँगी बस साथ अपने,
ना डर, ना उम्मीदें, ना बेज़ार सपने।
तुम भी मसरूफ़ होंगे खुद में कहीं,
तुम्हारा जी भी दुनिया में लगे खपने।

उस दिन सब कुछ ख़ामोश होगा,
दिल में सुकून, ज़ेहन में होश होगा।
तब जाकर ख़त्म होगा इस बेचैनी का दौर,
तब जाकर ख़त्म होगा अंदरूनी अगन का ज़ोर।

6. जाप

राधा-सा मोह नहीं, मीरा-सा ध्यास रख,
कान्हा सन्मुख नहीं, भीतर तू पास रख।

सुध-बुध किस काम की? दुनिया इक माया-सी,
पाने की चाह बस; कन्हैया की आस रख।

शक्ति या शांति का श्रीधर है तुझमें ही,
तू सुदर्शन विनाश का या मुरली-सा चाप रख।

बँट जाता अंबर-सा घनश्याम सब में ही,
सबको सम मिलता है – इतना विश्वास रख।

साँस-साँस चलता चले, इकतारा मीरा का,
राधा-सी हर धड़कन, मोहन का जाप रख।

7. साँवरिया

सौ बार तुम ही पर मर कर, सौ बार ही मैं जी उठती हूँ,
हर बार मैं देखती हूँ ख़ुद को, हर बार नई-सी दिखती हूँ।

झरने, नदियाँ, सागर, पर्वत – रूप तुम्हारे लगते हैं,
चल देती हूँ तेरी ओर फिर थोड़ा-सा मैं रुकती हूँ।

बारिश की बूँदें भी मुझको अनकही कहानी लगती हैं,
तेरी बातों को सुनने मैं रोम-रोम तर भीगती हूँ।

धूप सुनहरी यादों को ताज़ा ख़स्ता कर जाती है,
मैं घूँट-घूँट में सुबह-सवेरे उन किरणों को पीती हूँ।

रात नशीले तारों का जश्न मनाने आती है,
चाँद तेरी सुरमई-सी सूरत, आँखों से मैं चखती हूँ।

तू तार-तार में, सूर-ताल में, गूंज-गूंज में बसता है,
गाते पंछी और हवा की धुन में गीत तुम्हारे सुनती हूँ।

हर रंग-रूप में इश्क़ तुम्हारा मेरा अंतर छू जाता है,
मैं जोड़-मरोड़ के साँवरिया, तेरे बारे ही लिखती हूँ।

8. तितली

नाउम्मीद बेचारी इल्ली सोचे – यूँ ही ख़त्म होगा सफ़र,
मैं कभी भी कुछ ना कर पाऊँगी; बेकार का है ये गुज़र।

रेत-सा वक़्त फिर फिसल गया; बदलते गए पहर,
चुपचाप अकेली पड़ी रही बस; टूटने ही को था सब्र।

धीरे-धीरे पंख खुले, खिल आयी मूंछें सर,
उड़ान भरी फिर आसमान में; छूने अपने ख़्वाबनगर।

भूल गई फिर अपना ग़म; जब पीछे छोड़ा घर,
समझ गई थी सारा खेल, थी अब तक जिससे बेख़बर।

अपने पैरों में अपनी बेड़ी, अपनी ही सोच की सारी असर,
जब दिल ने ख़ौफ़ को तोड़ दिया; तब ज़िंदगानी गई सँवर।

रहता ऐसा ही कोई; हम सब के मन के भी भीतर,
एक दिन बनेगा तितली वो भी; सब्र से जाएगा निखर।

9. झरना

कल-कल बहता मीठा झरना,
छम-छम बढ़ता जाता है।
कहीं धीमा, कहीं तेज़-तेज़,
बस आगे बढ़ता जाता है।

चंचल फिर भी गूढ़ निराला,
छोटा-सा, पर धैर्य अपार,
बहने का मक्कम लक्ष्य लिए,
मन बढ़ता जाता रोज़ ख़ुमार।

अपने साथ के जीवन से,
वह प्यार जताते जाता है,
फिर भी ना थमता किसी मोड़,
गंतव्य ठिकाना चाहता है।

दिन-रात निरंतर, असीम वह,
हर-हर पल बहता जाता है,
अभिलाषी झरना गुंजन कर,
एक सागर बनना चाहता है।

10. दिन

एक और दिन यूँ ही फ़िज़ूल जाएगा,
यानी सूरज आएगा और ढल जाएगा !

पंछी आएगा, बैठेगा थोड़ी देर छत पर भी,
बिना चहके, बेज़ुबान फड़फड़ाकर निकल जाएगा !

आएगी मोहल्ले की जिद्दी बचपन की टोली,
बंध दरवाज़ा देख, हर मायूस चेहरा घर जाएगा !

खुली खिड़की से ज़ुल्फ़ों तक पहुँचा हल्का-सा झोंका,
पलकों में झटपटाकर आँखों से गुज़र जाएगा !

रात काली, सहमी-सहमी आ खड़ी होगी,
इंतज़ार में कि बस ! अंधेरा ढल ही जाएगा !

11. कोई और

आईने में है खड़ा वो शख़्स कोई और है,
तू सनम जिससे मिला; वो शख़्स कोई और है।

है ये मसला कि मुझे सब उसके जैसा माने हैं,
मुझे है यक़ीन पक्का-बड़ा; वो शख़्स कोई और है।

बढ़ गया हूँ मैं तेरे मक़ाम से आगे की ओर,
तेरे रास्ते में जो अड़ा ; वो शख़्स कोई और है।

मेरी ख़्वाहिशें थीं फ़क़त तेरी रूह को छू पाने की,
तेरे जिस्म की ख़ातिर लड़ा; वो शख़्स कोई और है।

है सज़ा मंज़ूर भी मुझे ख़ाक में मिल जाने की,
मगरूर होकर जो उड़ा; वो शख़्स कोई और है।

12. मेरी आँखें

तू सब जानता है तो बता - क्या कहती हैं मेरी आँखें?
सच-झूठ में फ़र्क़ पहचानता है तो बता; क्या कहती हैं मेरी आँखें?

झील, समुंदर, दरिया, नदियाँ और दुनिया भर के साहिल,
सब को गहराई से छानता है तो बता; क्या कहती हैं मेरी आँखें?

ख़त, क़सीदे, इज़हार-ए-ख़याल स्याही से रंगने की तासीर नहीं,
लफ़्ज़ों के परे की बयानी मानता है तो बता; क्या कहती हैं मेरी आँखें?

शिकायतें, हिचकिचाहट, बेधियानी, बेरुख़ी,
जब तू मेरा नाम पुकारता है तो बता; क्या कहती हैं मेरी आँखें?

चारों ओर हंगामा है, बला की ख़ूबसूरत है,
तू भी सोच में रातें गुज़ारता है तो बता; क्या कहती हैं मेरी आँखें?

13. होश

बेहोश हूँ मैं कब से, मुझे होश में लाओ कोई,
यानी यूँ करो कि मुझको पिलाओ कोई।

बतलाएँगे 'मैं हूँ कैसा?' जिनकी नज़र में मैं हूँ,
कभी महफ़िलों में मेरे दुश्मन बुलाओ कोई।

ताज्जुब है जब कहता हूँ कि 'बड़ी प्यारी है दुनिया',
मुझे मेरी ही बात पर यक़ीन दिलाओ कोई।

आँचल से पोंछती थी आँसू को प्यार से वो,
मैं थक चुका हूँ हँसते-हँसते, मुझको रुलाओ कोई।

चल छोड़ दूँ ये गलियाँ, सब मोह-माया मानूँ,
रब का भी नाम जप लूँ, उसका भुलाओ कोई।

मर जाता है इश्क़ में भीतर का शख़्स सारा,
लाओ कफ़न फ़रिश्तों – मुर्दा जलाओ कोई।

14. क्या ख़बर

है किसकी तलाश में रहबर - क्या ख़बर?
ख़ुद से मिलने आया था या ख़ुदा से - क्या ख़बर?

जब खड़ा था वह सामने, बिल्कुल बे-पर्दा,
क्यों मिला नहीं पाया मैं नज़र - क्या ख़बर?

यहाँ हर शाम वादियाँ समेट लेती हैं ज़िंदगी बाहों में,
किससे बतियाने आता है चाँद - क्या ख़बर?

मैं यूँ ही लौट आया देख लोगों की बेबसी,
काँधे पर दुनिया का बोझ लिए क्यों थे चलने को मजबूर - क्या ख़बर?

छिले हुए पाँव, खाली जेबें - फिर भी मुस्कान होठों पर,
कहाँ से लाते हैं दिल में सुकून का जज़्बा - क्या ख़बर?

15. त्योहार

कुछ दिनों के लिए ख़ाली मकान लोगों से भर जाएँगे,
दियों की जगमगाहट कम होते ही सब अपने-अपने घर जाएँगे।

खिलखिलाते आँगन से फिर गूँजेगी ख़ामोशियाँ,
गाँव की ओर भूले परिंदे फिर उड़ शहर जाएँगे।

महक रही हैं दीवारें, फूलों की लड़ियों से,
मुरझाएँगी पंखुड़ियाँ – फिर धागे बिखर जाएँगे।

है सबके चेहरे पर मुस्कान, फिर भी मन में ग़म है कि,
अपनों के साथ ये कुछ पल, पल में गुज़र जाएँगे।

पटाखों की आवाज़ में दब के रह जाएगी सिसकियाँ,
फुलझड़ी की चकाचौंध में रास्ते धुँधला जाएँगे।

कल फिर सवेरा होगा इस गाँव की मिट्टी पर,
कल फिर सपनों से निकल हक़ीक़त हो जाएँगे।

ज़िंदगी ज़िंदा है सभी त्योहारों की बदौलत,
हम सिर्फ़ ज़िंदा रहे – तो बेशक मर जाएँगे।

16. मुमकिन

ख़ुद को ख़ुद में ज़िंदा रखना मुमकिन है क्या?
पिंजरे के भीतर पिंजरा रखना मुमकिन है क्या?

दायरों से आज़ाद हक़ीक़त कभी देखी ही नहीं,
अब ख़्वाब भी देखें - वो भी चुनिंदा, मुमकिन है क्या?

चलती हैं सारी धड़कनें, सुन आहटें जिनकी,
न लौटा हो सालों से - बाशिंदा मुमकिन है क्या?

बर्बाद होने को तैयार किसी के इश्क़ में ये दिल,
हो तीर-ए-नज़र से शर्मिंदा - मुमकिन है क्या?

लिखा नहीं तक़दीर में मेरे अब की बार तुमको,
हिस्से में अपने आइंदा लिखना - मुमकिन है क्या?

17. सीख

असली दुनिया बच्चों को दिखा ना पाया,
बहुत कुछ रह गया जो मैं सीखा ना पाया।

गिनती सिखाते-सिखाते, अनगिनत एहसासों को,
किताबों से बाहर, बाज़ार के हिसाबों को,
ज़िंदगी के सामने खड़े सवालों को
मैं दिखा ना पाया,
बहुत कुछ रह गया जो मैं सीखा ना पाया।

हर्फ़ सिखाए, सिखाए अल्फ़ाज़,
रट्टू तोते से बोलने लगे वो भाषा के राज,
समझा ना पाया जज़्बातों को,
मौन की खूबियाँ मैं दिखा ना पाया,
बहुत कुछ रह गया जो मैं सीखा ना पाया।

कायदे-क़ानून सब समझाए थे,
पुराने क़िस्से सब दोहराए थे,
इंसानियत के फ़ासले मिटा,
आने वाले कल का चित्र मैं दिखा ना पाया,
बहुत कुछ रह गया जो मैं सीखा ना पाया।

काश किसी एक को मैं हँसाना सिखाता,
खुशियाँ लूटा, दूसरों के दिल में बसना सिखाता,
सिखा पाता किसी एक को भी प्यार की क़ीमत,
अपने सपनों को हक़ीक़त बना उड़ने की हिम्मत,
तब जाकर लगता – मेरी वजह से कुछ बदलाव है आया,
बहुत कुछ रह गया जो मैं सीखा ना पाया।

18. चमक

ज़िम्मेदारियों का बोझ हो, या ज़िद उड़ानों की,
हम हर ख़तरे से पार हुए, हमें उम्मीदें आसमानों की...

क्या रोकेगा कोई हमें? हमने ख़ुद को अंगारों पर पाला है,
बाढ़ नदियों की पार कर – बस सामने ही पाठशाला है...

हमें डर नहीं किसी बात का, हम धरती माँ के बच्चे हैं,
आशीर्वाद दे रही कुदरत ही, हम अब भी थोड़े कच्चे हैं...

सूखा, बारिश, तेज़ हवा – देखेंगे पतझड़ और बसंत भी,
तराशे सीने को फौलादी, नाज़ुक भीरु ख़ंत नहीं...

हम सीख रहे ज़िंदगी के पाठ; जो लिखे नहीं हैं किताबों में,
चमकेंगे एक दिन हमारे नाम – दुनिया के उच्च ख़िताबों में...

19. वक़्त

देखा है हरदम रोज़ नया - सूरज, चंदा और नील गगन,
कैसे देखूँ फिर वही पुरानी; सुनी सड़के, आँगन, दर्पण?
वक़्त हमेशा कहता है - गुज़र जाना है तय सभी,
मैं भी, तुम भी - थोड़ा रुक कर फिर चल देंगे हम सभी।

इक ओस ने ओस को बतलायी, जब हराभरी स्वप्निल दुनिया,
उस ओस के मन में इक आस जगी - भरने चल दूँ मैं भी पनिया,
गिरती, पड़ती, हँसती, रोती, बनी भाप; सोच बारिश होगी,
मैं भी, तुम भी - थोड़ा रुक कर फिर चल देंगे हम सभी।

प्यार के कच्चे धागों ने बाँधे रखा सारा संसार,
अपने, अपनों की खुशियाँ सोचे, वारि जाए जो अपने पार,
हो क़दम-क़दम फिर खुशहाली, मंज़िल पाएगी राह तभी,
मैं भी, तुम भी - थोड़ा रुक कर फिर चल देंगे हम सभी।

है बिछड़न की रीत यहाँ, यहाँ रातें काली हैं, ईदें भी,
गिरता पत्ता दे जाता है - फिर नवजीवन, उम्मीदें भी,
क्या पाया है? क्या खोना है? महफ़ूज़ रहें यादें सारी,
निखरा है जो मुक्त हुआ - जिस राह चले जो भी, जब भी।

क्योंकि:
वक़्त हमेशा कहता है - गुज़र जाना है तय सभी,
मैं भी, तुम भी - थोड़ा रुक कर फिर चल देंगे हम सभी।

20. नदी

निगल-निगल कर कूड़ा-कचरा, घुट रहा था दम,
सबक सिखाने निकली जब वो – लाचार हो गए हम।
मान-सम्मान ना दिया किसी ने, कहा उसी को नाला,
विश्वामित्र के वरदान रूप थी – जिसने सब को पाला।

लाचार-बिचारी मौन खड़ी थी, रुका नहीं जब पीड़ा क्रम,
मांगने निकली न्याय सभी से – मौन हो गए हम।
ग़लती किसकी? किसको कोसे? चला नया ही प्रचार,
मानव सभी है दोषी – जिसने किया ना उसका विचार।

आज से पहले कई बार भी किया था उसने सचेत,
रुक जाते तो सँभल ही जाते, आती न आपदा अनेक।
नदी हमारी माता है – इस पाठ को गए हैं भूल,
धरने, सड़कें, गाँव-गाँव में बाँधने निकले पुल।

धरोहर को जब मार-काट कर करने निकले विकास,
पल दो पल में दिखा दिया – अपनी धारा से विनाश।
वडोदरा की शान रही है, पुरखों का वह मान रही है,
विश्वामित्री की रक्षा में ही – उज्ज्वल कल की जान रही है।

बीत गई सो बात गई – तो चलो बढ़ाएँ क़दम,
अपनी ग़लती मान ही लो – उसमें काहे की शरम।
आज ही से हम प्रण लेंगे – और साफ़ करें जो नदी,
वो भी बख़्शेगी बच्चों को, माफ़ करेगी नदी।

21. सूखे फूल

मोड़ रखे हैं कुछ पन्ने किताबों के,
कुछ पन्ने सूखे फूलों से जगमगाए हैं,
दुनिया से छुपकर यहाँ हमने – अपने-अपने शहर बनाए हैं।

यहाँ हर एक लफ़्ज़ से जुड़ती है तेरी-मेरी कहानियाँ,
मैंने यहाँ सारे नग़मे – आरज़ू-ए-यार से सजाए हैं।

मैं जब चाहूँ, तुम्हें पा लेती हूँ – यहाँ वक़्त, रस्म की रोक नहीं,
तुमने भी यहाँ मेरी ख़ातिर – उसूल दाँव पे लगाए हैं।

यहाँ इश्क़ की बरसात भी है और दूरियों की पतझड़ भी,
हमने यहाँ बेल, बसंत, नदी, पर्वत, चाँद, सूरज भी बिछाए हैं।

हम-तुम दोनों एक से हैं – यहाँ ना चेहरा, ना रंग-रूप,
मैंने, तेरे-मेरे ऐब भरे – सारे ही नक़ाब उठाए हैं।

मैं पढ़ लेती हूँ बार-बार – मुड़े हुए पन्नों के पीछे से तुम्हें,
तुमने भी सूखे फूलों की महक से दरमियाँ के फ़ासले मिटाए हैं।

22. सुकून

घर से निकले तलाशने सुकून ज़िंदगी का,
ज़िंदगी का सुकून तो हम घर छोड़ चले थे।

दर-ओ-दीवारों से कभी इतनी मोहब्बत ना हुई थी,
तन्हाई में जिनके पहलू में ख़ुद को छोड़ चले थे।

मैंने तकिये के पास रखे थे कुछ अधूरे से ख़्वाब,
हम हक़ीक़त की ख़ातिर जिनको छोड़ चले थे।

बेशकीमती साज़ो-सामान के ढेर लगाने,
बचपन के खिलौने अनमोल छोड़ चले थे।

उन सर्द हवाओं ने मुझे एहसास दिलाया,
हम कमरे में लिपटी ऊनें छोड़ चले थे।

तू पहचानता भी कैसे मुझे राहगुज़र में?
दीवार पे टंगे आईने में ख़ुद को छोड़ चले थे।

इक कोना था जो सिर्फ़ मेरा हुआ करता था,
हम अपनी सारी दौलत वहीं छोड़ चले थे।

कोई यहाँ मुझे जानता भी है या नहीं – क्या ख़बर!
आँगन की जानी-पहचानी पुकार छोड़ चले थे।

अधूरा-सा लगता है सीना जब साँस भरता हूँ,
क्यों इन मकानों की ख़ातिर अपना घर छोड़ चले थे?

घर से निकले तलाशने सुकून ज़िंदगी का,
ज़िंदगी का सुकून तो हम घर ही छोड़ चले थे !

23. दीया

एक दीया है जो बुझता जा रहा है,
और एक रात है जो ख़त्म होने का नाम नहीं लेती,
ये और बात है कि तुम्हें अपनी क़दर नहीं,
क्यों तुम अपने उजालों से काम नहीं लेती?

बेताब महफ़िलें भी बेजान हो जाती हैं तेरे बग़ैर,
क्यों बज़्म को ज़िंदा करने के लिए हाथों में जाम नहीं लेती?
सो बीमार के लिए चारागर हैं तेरी आँखें,
क्यों दरमाँ-ए-दीदार का कोई दाम नहीं लेती?

तेरी सादगी के दीवाने हो चले हैं शहर-भर के लोग,
क्यों ये भड़कीला पहनावा छोड़ कोई एहराम नहीं लेती?
क्या ख़ूब लिखती हो – लफ़्ज़ीयत के तहख़ाने भी कमाल हैं,
क्यों तुम कभी इनमें मेरा नाम सरेआम नहीं लेती?

24. गुज़र

हर रोज़ मैं जिस कल से गुज़रा हूँ,
मुद्दतों बाद उसके दर से गुज़रा हूँ।

रोक लेगा फिर से कोई, फिर से मैं तन्हा चलूँगा,
बड़ी हिम्मत से उस डर से गुज़रा हूँ।

फ़क़ीरी रगों में बसी थी वरना,
मैं भी तो जबल-ए-ज़र से गुज़रा हूँ।

तन्हाई की राह पर चलने से पहले,
हर रंग, रूप, क़िस्म के बशर से गुज़रा हूँ।

दिलफेंक महफ़िलों के अंजाम से वाक़िफ़ हूँ,
चुप हूँ कि मैं भी इस हुनर से गुज़रा हूँ।

आसान नहीं है वक़्त की फिसलन का सैलाब,
बरसों इन गर्दिशों के भँवर से गुज़रा हूँ।

जानता ही नहीं ख़ुद को – कि कौन हूँ मैं?
मैं हूँ भी या सिर्फ़ किसी पिंजर से गुज़रा हूँ !

25. बाज़ार

कुछ खरीदार खड़े थे बाज़ार में,
कुछ साहूकार खड़े थे बाज़ार में,
जिसके पास जो था, वो सब बिक रहा था,
मौक़ापरस्त साझेदार खड़े थे बाज़ार में।

एक हसीन ख़्वाब खरीदो – ज़्यादा न इसका मोल है,
कुछ रातों की नींद के बदले, अच्छा इसका तोल है!!
सुबह का सवेरा सोच मैं आगे बढ़ा...

बिक रहा था सरेआम ऐयाशी का सामान यहाँ,
दिलफेंक हसीनाएँ थीं, शातिर शौक़ीन थे नौजवान,
कुछ खोखली बातें, कुछ हँसी के ठहाके,
कुछ गीले स्पर्श, कुछ रेंगते काँटे,
कौड़ी के दाम बिक रहा था सब जिस्मों में गड़ा,
बूढ़ा, जवान, रंगीला, शैतान – हर कोई था खड़ा,
अपनी रूह को संभाले मैं आगे बढ़ा...

यहाँ सब बिलकुल ख़ाली था,
ना शोर-शराबा ना कोई मवाली था,
बड़ी बेसब्री से मैंने पूछा, "क्या बिक रहा है?"

सामने से आवाज़ आयी, "तुम्हें क्या दिख रहा है?"
पानी, रेत और आईना लिए एक सादा इंसान बैठा था,
वो कुछ ना बेच पाया था – सब वैसे का वैसा था।

"मैं सच बेच रहा हूँ, कोई ख़रीदार नहीं है,
कोई देखना नहीं चाहता अपनी परछाई,
हाथ से फिसलते रेत-सी वक़्त की सच्चाई,
पानी से ओझल मन-सा दूजा चमनज़ार नहीं है।
मैं सच बेच रहा हूँ, कोई ख़रीदार नहीं है।"

अपनी औक़ात जान – तब मैंने जाना कि,
कुछ खरीदार खड़े थे बाज़ार में,
कुछ साहूकार खड़े थे बाज़ार में,
सच के अलावा सब कुछ बिक रहा था,
गूंगे, बहरे और अंधे मुर्दे बड़े थे बाज़ार में।

26. सोच

एक बार नहीं, कई बार हुआ,
उस घटना का दोहराव हुआ,
बहू, बेटी और माँ के तन पर,
ताज़ा, गहरा घाव हुआ।

जात-पात की बात ही छोड़ो,
लज्जित घूंघट, बुर्क़ा, श्वेत पहनाव हुआ।

तन से, मन से, रोक से, सोच से,
कितने ही दफ़ा ये दाँव हुआ।
अख़बारों की ताज़ी ख़बरों का
उल्टा ही मानो प्रभाव हुआ।

"मेरा कौन है? मैं क्यों बोलूँ?"
संकुचित, कठोर स्वभाव हुआ।
अपने घरों तक बंधे रहना,
खोखले समाज का बचाव हुआ।

विश्वमानवी बनते-बनते
मानवता का अभाव हुआ।

कब तक चलेगी मनमानी यूँ,
विकृति की ओर बहाव हुआ।

काटो, जिंदा मार गिराओ –
समय का यही सुझाव हुआ।
इतिहास बदलना चाहते हो तो,
दूर करो जो तनाव हुआ।

आगे बढ़ो और सोच को बदलो,
बहुत साल ठहराव हुआ।

27. किरदार

बंधे हैं हम सब अपने किरदार में,
पतझड़, धूप और खिलती बहार में।

कितने ही आए और गए हैं जहाँ से ऐसे ही,
तलाश ना पाए ख़ुद को – जो चंद साँसों के उधार में।

मिली है जो बाज़ी, उसे शिद्दत से खेलना,
सबका हिसाब होना है ऊपर के दरबार में।

नदियाँ जो बहकर मिलती हैं दरिया से,
शबनम से फिर पानी होती है आबशार में।

खोल दिए जाएँ जब बंद दरवाज़े-खिड़कियाँ,
फिर कोई नहीं झाँकता राह चलते दरार में।

तवज्जोह देना – गर सभी फूल लाल होते,
बोरियत-सी होती फिर गुल-ओ-गुलज़ार में।

अगर तय कर पाता हर कोई अपनी तक़दीर!
फ़रिश्ते ही ना होते यहाँ सारे संसार में?

28. आईना

बड़े वक़्त के बाद कुछ लिख पाया हूँ,
इस बार मैं एक हसीन आईना लाया हूँ।

गौर से देखो तो बख़ूबी तुम जैसा,
मानो कोई हमशक्ल, कोई हमसाया हूँ।

तेरे हर रंग, रूप, साज़, शिकन से वाक़िफ़ हूँ मैं,
मैं ही कड़वा सच, मैं ही मीठी माया हूँ।

चारों ओर फ़रेब है – इस बात को समझ,
देख जहाँ तेरा बायाँ है – ठीक वहीं मैं दायाँ हूँ।

तन्हा नहीं है तू इस खाली मकाँ में,
मैं तुम्हारे संग बाँटता तुम्हारे ग़म, बलाया हूँ।

मुझे ले चलो तुम अपने साथ – दुनिया के सामने,
मैं हर नक़ाब के भीतर का असली सरमाया हूँ।

बिखर जाऊँगा तेरा ही अक्स सम्हाल कई टुकड़ों में,
तेरे साथ मैं भी तो तक़दीर के तूफ़ानों से टकराया हूँ।

29. भारत

कर्मप्रधान देश है मेरा,धर्म अनेक अपनाता है;
बूँद-बूँद से भरता सागर, भारत मुझको सिखलाता है।

मूल्य, धरोहर, शिखर हिमालय, जलधि संग बहता जाता है;
धरती-पुत्रों ने सींचा जिसको, वतन भारत कहलाता है।

हँसकर मिलता सबसे है, और गले लग अपनाता है;
सहिष्णुता और धैर्य की ताक़त, भारत मुझको समझाता है।

कंकर-पत्थर को पूजता है,अंतरिक्ष खोज कर आता है;
यांत्रिकी-अध्यात्म का दर्शन, भारत मुझको करवाता है।

साहस, शांति, सत्य – 'तिरंगा', यहाँ हर घर-घर लहराता है;
'मेरी माटी मेरा देश',बच्चा-बच्चा बतलाता है।

30. बारिश

यूँ थोड़ी-सी, कुछ वक़्त की परस्तिश पसंद नहीं,
अब मुझे ये मौसमी बारिश पसंद नहीं!

चंद रोज़ा चाहतों की बौछार, आशिक़ाना पल, सुनहरे से ख़्वाब,
फ़क़त पल दो पल अपने ग़मों से रिहाइश पसंद नहीं,
अब मुझे ये मौसमी बारिश पसंद नहीं!

हो इश्क़ तो हो धूप-सा, बयार-सा, या रेत-सा,
बरस के छँट जाते आरज़ी बादलों की नुमाइश पसंद नहीं,
अब मुझे ये मौसमी बारिश पसंद नहीं!

क़तरा बरसकर कर रही तपती सिफ़र से गुफ़्तगू,
मन में महकती अनछुई सोंधी-सी ख़्वाहिश पसंद नहीं,
अब मुझे ये मौसमी बारिश पसंद नहीं!

बूँदें, बादल, बिजली, रात, आँधियों के साथ उभरती आग,
नूरानी ताक़तों की ये बेवजह सिफ़ारिश पसंद नहीं,
अब मुझे ये मौसमी बारिश पसंद नहीं!

ख़ाक कर जाए या मुझको तर-बतर तेरा सुरूर,
उम्रभर ख़ामोश, चुभती क़िस्मती रंज़िश पसंद नहीं...
अब मुझे ये मौसमी बारिश पसंद नहीं!

लिख ही नहीं मैं पा रहा अल्फ़ाज़ - ख़्वाबीदा राज़ क्यों?
लोगों को मेरी यूँ खुली-सीधी निगारिश पसंद नहीं...
अब मुझे ये मौसमी बारिश पसंद नहीं!

31. चिड़ियाघर

आज मैंने एक अनोखी दुनिया देखी!
यहाँ घर थे, परिवार थे, बच्चे, जवान, बूढ़े थे,
यहाँ सालों की पाबंदी देखी, ज़िंदगी नहीं देखी,
सब ने इनकी हरकतें देखीं, बेबसी नहीं देखी।

सजावटी माहौल था, दिखावटी कलशोर था,
थे यहाँ हर क़िस्म के जीव, फिर भी हर कोई एक-दूसरे से कोर था।
हर एक को बाँधती सीमाएँ देखीं,
खुले उपवन की आभासी हवाएँ देखीं,
दब गई थी तन की पीड़ा बच्चों की किलकारी में,
जल चुके थे सब के मन वेदना की चिंगारी में,
सब ने इनकी विभिन्न प्रजाति देखी, मायूसी नहीं देखी।
सब ने इनकी हरकतें देखीं, बेबसी नहीं देखी।

कोई किसी कोने में गुपचुप बैठा था,
कोई दिन-रात के पहिए से रूठा था, बेपरवाह लेटा था,
कोई पुराने बासी पानी में नयी परछाई ढूँढ रहा था,
कोई वहीं कटोरी, वहीं खाना देख आँखें मूँद रहा था।
खालीपन से भर दिए हों मानो इन सब के देह,
क्या ग्रीष्म, क्या पतझड़, क्या बसंत और मेह,

सब ने इनके इर्दगिर्द खाई देखी, ख़ामोशी नहीं देखी।
सब ने इनकी हरकतें देखीं, बेबसी नहीं देखी।

खिन्न हो जाता हूँ जब मैं चिड़ियाघर जाता हूँ,
मुझे किसी के भी चेहरे पर मुस्कान नज़र नहीं आती।
हर एक की मदद माँगती आँखें मेरे ज़ेहन से नहीं जाती।
ये कैसी उन्नति है कि एक जीव दूसरे को यूँ बाँध के रखें?
अपनी खुशियों के लिए दूसरों की खुशियों का गला घोटे!
बचपन से ही चिड़ियाघर की सैर मुझे पसंद नहीं आई।
कब तक इंसानों के जहान में ये हारेंगे वजूद की लड़ाई?
सब ने इनके तौर-तरीक़ों में कमी देखी, कमनसीबी नहीं देखी।
सब ने इनकी हरकतें देखीं, बेबसी नहीं देखी।

32. तलाश

मंज़िल की तलाश में न जाने कितने मंज़र से गुज़रे,
बर्फ़ीली धूप से गुज़रे, तपते समंदर से गुज़रे।

गुज़रे कितने ही अनचाहे रास्तों से,
फूलों से गुज़रे, काँटों के बंजर से गुज़रे।

गुज़रते रहे हम अपने आप में,
वादों से गुज़रे, वफ़ा के बवंडर से गुज़रे।

मेरे माझी को इल्म नहीं कि हौसलों से नाता है,
दरिया की तूफ़ानी लपटों में सिकंदर से गुज़रे।

बस बाक़ी रह गया है इस क़दर गुज़रना,
जैसे कोई शख़्स रूह-ए-क़लंदर से गुज़रे।

सुकून से हैं ठहरे जो मंज़िल को पाकर,
परिंदे भी पहले उस पिंजर से गुज़रे।

33. यार

चंद घंटे, दिन, महीने फिर साल,
यूँ बिछड़ता गया मुझसे मेरा यार।
इतना तो क्या ज़रूरी था कि हमसे दूर गया,
दुनिया की भीड़ और चकाचौंध में हमें भूल गया?

क्या आज भी उसके पास कहने के लिए कोई किस्सा है?
क्या आज भी उसकी थाली में मेरा कोई हिस्सा है?
आता क्यों नहीं है अब दुनिया के सारे काम छोड़?
वक़्त, मजबूरी, ज़िम्मेदारियों के सारे बंधन तोड़?

मेरा दम घुटने लगा है इन अनजान अजनबी जगहों में,
झूठ-मूठ के ठहाके, हँसी और दिखावटी लोगों में,
तू आ, के मुझे जी भर के रोना है,
मेरे आँसुओं से तेरे गिरेबान को भिगोना है।

मैं आज भी उम्मीद लगाए बैठा हूँ, आवाज़ तो दे!
मैं ख़ुद सामने से तेरे दर आऊँगा - आग़ाज़ तो दे।
थक गया हूँ मैं उम्मीद लिए कि तू आएगा,
कभी ना कभी फिर तू मुझे 'यार' बुलाएगा।

अब तो माँ भी पूछने लगी है, "तेरा वो दोस्त क्यूँ नहीं आता?
शाम को तू उसके साथ कहीं बाहर क्यूँ नहीं जाता?"
मैं थक चुका हूँ माँ से आए दिन बहाना बनाते-बनाते,
छूटी, रूठी, शायद टूटी दोस्ती को बचाते-छुपाते।

आज भी मुझे यही एक बात बहुत सताती है -
क्या आज भी तुझे, मेरे दोस्त, मेरी याद आती है?

34. मुक्ति की राह

चल मन मुक्ति की राह चल।
क्यूँ बेचैन सा फिरता है हरपल,
काँटों से भरी हर डगर-डगर,
हर पंथ से विचलित होने पर,
चल मन मुक्ति की राह चल।

हो भेद-भाव से तोल जहाँ,
हरदम रिश्तों का मोल जहाँ,
क्यूँ बोझ उठाए भरता दम,
क्यूँ लाज-शर्म से जाता थम,
चल मन मुक्ति की राह चल।

हूँ क्यूँ मैं यहाँ और कौन हूँ मैं?
क्या है मेरा? किसका हूँ मैं?
समय की टिक-टिक बदल रही,
रेत वक़्त की फिसल रही,
क़ैद तोड़ तू बढ़ा क़दम,
चल मन मुक्ति की राह चल।

किरदार तेरा शिद्दत से निभा,
ज़िंदगी की किताब को लिखता जा,
ताली गूँजेगी कानों में,
काग़ज़ का लिखा आसमानों में,
तू बदल तमाशा फिर आलम,
चल मन मुक्ति की राह चल।

35. अलविदा

दूर तक कोई नहीं आया तो क्या?
मैं दूर से ही कर चला इस शहर को अलविदा।

बहुत लिखे बारिश, मौसम, गली, कूचे, दिन-रातों को,
अब तेरे हुस्न से मुवाज़ी उस आफ़ताब और महर को अलविदा।

फिर ले डूबेगी दरिया की हर कश्ती, हर नाव को,
उस नफ़रत भरी बेताब लहर को अलविदा।

तू सामने हो और तू किसी और की माशूक हो,
बदनज़री के इस तबाह-कुन ज़हर को अलविदा।

यूँ तन्हा रहा तो क्या ख़ाक मैं ज़िंदा रहूँगा?
आसार-ए-क़यामत के हर एक पहर को अलविदा।

बिछड़ के तुमसे, गिरफ़्त में आया नहीं तक़दीर की,
शान से यूँ कह चला इस दहर को मैं अलविदा।

36. क्यों नहीं?

दूर-दूर रहती हो, आगोश में कसती क्यों नहीं?
तुम कभी बेख़ौफ़ बारिश जैसी बरसती क्यों नहीं?

तुम्हारी ख़ातिर कुछ भी कर जाने को बेताब है दुनिया,
तुम कभी अनकही ख़्वाहिश जैसी तरसती क्यों नहीं?

खोयी-खोयी-सी रहती हो, अक्सर चुपचाप-सी; गुमशुदा,
तुम कभी सपनों की निगारिश जैसी हँसती क्यों नहीं?

उभर आती हो तन्हाइयों में बढ़ते दर्द-ए-दिल की तरह,
तुम कभी ख़ुदा की परस्तिश जैसी उकसती क्यों नहीं?

कुछ तो है जिसने तुम्हें बाँधे रखा है भीतर से,
तुम कभी अपनी ही रिहाइश की ख़ातिर शिकस्ती क्यों नहीं?

37. नासूर

ऐसा नहीं कि उससे मैं दूर हो गया हूँ,
परछाईं हूँ, अँधेरों में मजबूर हो गया हूँ।

सह गया था कितनी वीरानियों की पतझड़,
मैं शाख से जो बिछुड़ा, सो झूर हो गया हूँ।

वो चल न पायी राहें जो थीं नयी-नवेली,
तकता रहा निशाँ, मैं सबूर हो गया हूँ।

हर रात जो जले थे मेरे साथ तिनका-तिनका,
उन ख़्वाबों की बदौलत पुर-नूर हो गया हूँ।

वो रो पड़ी थी कहते, "हाँ, इश्क़ नहीं है तुमसे",
मैं सोच – मेरी क़ीमत मगरूर हो गया हूँ।

देखा नहीं है मैंने फिर आइना कभी भी,
जब से मैं ख़ुद के दिल का नासूर हो गया हूँ।

कमाल कर गई वो मुझको रिहाई देकर,
मैं राह चलते सबको मंज़ूर हो गया हूँ।

38. लोग

कहाँ जाते होंगे तेरे शहर से निकाले हुए लोग?
भीतर ही से मर जाते होंगे तेरे शहर से निकाले हुए लोग।

गुरूर तेरी मदमस्त आँखें, दौलत तेरे होठों की हँसी,
फिर किस बात पर इतराते होंगे तेरे शहर से निकाले हुए लोग?

ये ज़मीं तेरी, आसमाँ तेरा, ये साँस भी, ये जिस्म भी,
खुद को कहाँ दफ़नाते होंगे तेरे शहर से निकाले हुए लोग?

सुबह खिलती तेरे शानों पर, शाम ढलती तेरी बाहों में,
फूटी क़िस्मत पर पछताते होंगे तेरे शहर से निकाले हुए लोग।

कहीं और तुझे ही ढूँढेंगे, कहीं और तेरा ही होगा चर्चा,
पुरानी यादों को दोहराते होंगे तेरे शहर से निकाले हुए लोग।

ना महफ़िलों में रौनकें, ना किताबों की सौंधी खुशबू कहीं,
कैसे मन बहलाते होंगे तेरे शहर से निकाले हुए लोग?

ख़ुदा से बिछड़कर, दर-ब-दर ठोकर खाने वाले अभागे,
खुद को फ़क़ीर कहलवाते होंगे तेरे शहर से निकाले हुए लोग।

www.ingramcontent.com/pod-product-compliance
Lightning Source LLC
La Vergne TN
LVHW022029200926
848481LV00007B/2602
979889865O919